AUGUSTE POULET-MALASSIS

BIBLIOGRAPHIE

DESCRIPTIVE ET ANECDOTIQUE

DES OUVRAGES

ÉCRITS OU PUBLIÉS PAR LUI

Par

UN BIBLIOPHILE ORNAIS

P M

PARIS

ROUQUETTE, LIBRAIRE

57, Passage Choiseul, 57

1883

AUGUSTE POULET-MALASSIS

BIBLIOGRAPHIE ANECDOTIQUE

Tiré à 100 Exemplaires numérotés.

AUGUSTE POULET-MALASSIS

BIBLIOGRAPHIE

DESCRIPTIVE ET ANECDOTIQUE DES OUVRAGES ÉCRITS OU PUBLIÉS PAR LUI

Par

UN BIBLIOPHILE ORNAIS

PARIS
ROUQUETTE, LIBRAIRE
57, Passage Choiseul, 57
1883

Ceux qui ne connaissent la ville d'Alençon que pour en avoir lu dans la Vieille fille *et dans* le Cabinet des Antiques *la description aujourd'hui infidèle, s'imaginent volontiers que ce chef-lieu paisible est l'asile inviolé de toutes les vertus bourgeoises. Ils ne doutent point que tout n'y ait toujours respiré et n'y respire encore* l'inaltérable province, *que les habitués de ses salons,* invariablement attablés ou assis aux mêmes heures, n'y offrent les couleurs grises et fanées des vieilles tapisseries (1). *Ils ne prennent pas garde que de ces maisons qui semblent sommeiller et de ces rues où l'herbe verdit, sont sortis maintes fois des irréguliers de haute allure qui ont arboré sans vergogne, en France et à l'étranger, le drapeau de la fantaisie la plus audacieuse. C'est d'Alençon en effet que sont partis pour courir le monde ce Corneille Blessebois et cette dame de Villedieu, dont l'imagination déréglée n'enfanta rien de plus désordonné que leur orageuse existence. Dans notre siècle, Auguste Poulet-Malassis, possédé de l'amour du livre et sachant l'éditer en*

(1) V. Balzac, *la Vieille fille* et *le Cabinet des Antiques.*

raffiné, mais épris de la rareté au point de l'aller quérir jusque dans les endroits malsains, continue fièrement la série de ces fantaisistes alençonnais. La figure si accentuée de Poulet-Malassis est encore trop rapprochée de nous pour qu'il nous soit permis de montrer en elle ce qu'il faut louer ou blâmer. Nous ne saurions aujourd'hui, moins de dix ans après sa mort, écrire sans embarras l'histoire, le roman de sa vie.

Tout au plus pouvons-nous indiquer ici les quatre phases bien distinctes de sa carrière littéraire. Issu d'une famille d'imprimeurs provinciaux, Auguste Poulet-Malassis s'occupe d'abord de l'histoire de son pays, tout en laissant hanter son esprit par les utopies les plus extravagantes, en se lançant dans des aventures politiques dont il est bientôt sévèrement châtié. Plus tard libraire à Paris, il sait faire de sa boutique un véritable cénacle intellectuel où les gens de lettres les plus délicats, mais aussi les moins prudents, viennent à l'envi réclamer, pour leurs vers ou pour leur prose, ses élégantes vignettes et ses jolis fleurons rouges. Artiste trop fin pour être heureux commerçant, Malassis, à la suite d'un désastre financier, doit se réfugier en Belgique et y demande sans relâche à des publications clandestines, non-seulement du pain pour sa bouche, mais encore du piment pour son palais friand de curiosités brûlantes. C'est alors qu'il se prend de passion pour la figure énigmatique et rabelaisienne de son compatriote Corneille Blessebois. Enfin, nous trouvons Malassis à Paris, dévoré, pendant les dernières années de sa vie, de la fièvre des rééditions et cherchant à calmer, par des publications multipliées, le regret de n'avoir point écrit un livre qui restât, après en avoir tant édité pour les autres. Et pourtant ce livre, ne l'a-t-il point fait ? Son ouvrage sur les ex-libris est, en tout cas, le seul consacré à un sujet chéri des collectionneurs et maint bibliophile lui réserve une place d'honneur sur le rayon préféré de sa bibliothèque.

Nous espérons quelque jour étudier à fond la physionomie si originale d'Auguste Poulet-Malassis, mais, comme l'heure de ce travail n'a pas encore sonné, comme les projets qui plaisent le mieux sont souvent ceux qui se réalisent le moins, nous donnons dès aujourd'hui, la bibliographie de ses ouvrages, corrigeant par quelques extraits et quelques anecdotes ce qu'elle pourrait avoir de trop aride et de trop sec.

Certains des documents qui la composent ont été pour nous l'objet de recherches laborieuses mais, pour une partie de ce travail, nous avons eu la bonne fortune de trouver une publication antérieure qui nous a été du plus précieux secours. Quand Malassis fut mort, ses amis, voulant lui rendre un dernier hommage, tinrent à enrichir de leurs travaux personnels le catalogue de sa belle et curieuse bibliothèque. M. Maurice Tourneux joignit à ce catalogue la bibliographie des écrits de Malassis et des éditions annotées par ses soins. Le cadre de ce travail n'embrassait pas, il est vrai, tout ce qui doit trouver place ici, mais nous lui avons fait, surtout pour les ouvrages publiés par Malassis dans les dix dernières années de sa vie, des emprunts réitérés. M. Philippe Burty, l'un des amis de Poulet-Malassis et des habitués de sa librairie du passage des Princes, a publié en tête du même catalogue une notice biographique à laquelle sa compétence en matière de choses d'art et de goût donne un prix tout particulier. Il a bien voulu, avec la plus gracieuse obligeance, nous dire ce qu'il savait de cet attardé du XVIIIe siècle (1), *qu'il connaissait à fond.*

Plus près de nous, le premier collaborateur de Poulet-Malassis, M. de la Sicotière, nous a libéralement communiqué tout ce qu'il possédait concernant notre commun compatriote. M. de la Sicotière aime trop les livres beaux et bien faits pour n'avoir pas apprécié ce que Malassis, malgré ses revers, a su faire pour le livre en France; il est trop attaché à un département dont il est, depuis plus de cinquante ans, l'historien, pour

(1) V. *Notice biographique* de M. Ph. Burty, p. V.

n'avoir pas su gré à un homme, conduit par sa bonne fortune à Paris et jeté par sa mauvaise à Bruxelles, d'avoir toujours parlé fièrement d'Alençon, de ses hommes et de ses choses et d'être resté, malgré ses écarts, fidèle de plume et de cœur à son pays natal.

1 Septembre 1883.

BIBLIOGRAPHIE

DES OUVRAGES

ÉCRITS OU PUBLIÉS

PAR

A. POULET-MALASSIS

1841. — NOTICE sur les Contes de Bonaventure Des Périers.

Publiée dans la *Revue de l'Orne* (10 août 1841).

1842. — EPISTRE DES ROSSIGNOLS DU PARC D'ALENÇON, à la tres illustre Royne de Nauarre, Duchesse d'Alençon et de Berry, *Poictiers, Jehan et Enguilbert de Marnef, frères, à l'enseigne du Pélican. (Alençon, Poulet-Malassis,)* in-8 de 6 pages (sans pagination).

Réimprimé par les soins d'A. Poulet-Malassis sur la première édition de l'ouvrage, que possède la bibliothèque d'Alençon, et tiré à 30 exemplaires, qui n'ont pas été mis dans le commerce.

Le titre exact de la pièce est :
Epistre composée par l'Autheur au nom des Rossignols du Parc d'Alençon a la tres illustre Royne de Nauare, Duchesse d'Alençon et de Berry, etc.

Du retour de la dicte Dame du pays de Gascongne en la uille d'Alençon au Moys d'Apuril 1544.

La réimpression publiée dans la *Mosaïque de l'Ouest et du Centre*, 2e année (1845-1846), p. 42, a été faite sur celle de Poulet-Malassis. Comme les nouveaux éditeurs ne connaissaient pas le nom de Guillaume Le Rouillé — que Malassis avait omis de mentionner en le réimprimant — ils ont intitulé l'article *Marguerite de Valois*. La pièce de Le Rouillé est précédée de quelques lignes en faisant valoir le mérite. Elles vantent *la forme gracieuse et fleurie* de ce poëme bizarre, daté de

L'an quinze cens quarante auecques quatre.

1843. — LISTE par ordre alphabétique des hommes remarquables nés dans les cantons Est et Ouest de l'arrondissement d'Alençon.

Publiée dans la *Statistique des cantons d'Alençon Est et Ouest (Annuaire de l'Orne* pour 1843, p. 454, 519, *Alençon, Poulet-Malassis, imprimeur de la Préfecture).*

1844. — REVUE LITTÉRAIRE DE L'ORNE. — Prospectus. — *Alençon, Poulet-Malassis*, 1844, placard in-8.

Poulet-Malassis rêvait de fonder une revue littéraire dans sa ville natale. Notre pays était alors assez riche en travailleurs, en érudits, en poëtes, pour permettre au jeune Alençonnais d'espérer la prochaine réalisation de son rêve. Nous reproduisons ici ce curieux prospectus, où la liste des collaborateurs qui avaient promis leur concours à Poulet-Malassis atteste la vitalité intellectuelle du département de l'Orne en 1844.

« *La Revue littéraire de l'Orne* à qui MM. J. Besnard, P. Bliet, Charma, Charpentier, Choisy, Daulne, Delasalle, Desmadelaines, de Douhet, L. Dubois, Lecointre-Dupont, Al. Le Flaguais, Aug. Le Flaguais, J. Menant, G. Mancel, F. Richomme, C. Rossignol, L. de la Sicotière, Trébutien, S. Vaudoré, Wains-Desfontaines, Woinez, ont bien voulu promettre leur active collaboration, paraîtra, à partir de janvier 1844, dans les huit premiers jours de chaque mois.

« Comme on le voit, la *Revue* se place, de prime abord, dans des conditions de vie différentes de celle des Journaux publiés à Alençon jusqu'à ce jour. Son mode de publication, ses tendances, son but (qu'elle exposera dans la première livraison), tout l'éloigne d'une pensée de concurrence ; d'ailleurs, elle s'interdit formellement la reproduction de tout article qui n'intéresserait pas le pays à un haut degré, c'est-à-dire que sa rédaction sera entièrement inédite. Chaque numéro, composé de deux feuilles d'impression sur beau papier *collé*, semblable à celui de ce prospectus, contiendra un article d'histoire, un article de littérature, un article de philosophie ou d'économie politique, des vers et un bulletin. Le bulletin sera spécialement destiné à rendre compte du mouvement intellectuel dans l'Orne et dans les départements environnants. Cependant, il ne s'interdit pas l'appréciation des œuvres publiées dans les autres parties de la France, et il s'efforcera de remplir, autant que possible, le cadre que la *Revue* s'est tracé. »

Le beau projet de Poulet-Malassis ne s'est malheureusement jamais réalisé. Son esprit actif et entreprenant enfantait ainsi à toute heure de nouveaux projets. Un jour — il avait vingt ans ! — il voulait écrire l'*Histoire du sentiment chez les différents peuples*. Un autre jour, il songeait à une *Etude sur Saint-Just* dont il ne traça jamais une ligne. Un travail plus à sa portée et que, mieux que personne, il pouvait faire, c'était l'*Histoire de l'imprimerie à Alençon*. Malassis l'entreprit avec ardeur, puis, après avoir fait quelques fiches, le laissa là. Tant le projet du jour, enfanté avec enthousiasme, chassait vite de son esprit versatile le projet conçu amoureusement la veille !

1845-51. — LE DÉPARTEMENT DE L'ORNE ARCHÉOLOGIQUE ET PITTORESQUE, par Léon de La Sicotière et Aug. Poulet-Malassis, et par une société d'antiquaires et d'archéologues. *Laigle, J.-F. Beuzelin*, 1845-51 ; *imp. Poulet-Malassis (les dernières livraisons et la table imprimées chez Ad. Leclerc et Cie).* In-f° de 304 pages de texte avec 107 planches lithographiées et une belle carte du département de l'Orne.

Le département de l'Orne archéologique est le recueil le plus complet et le plus luxueux consacré à notre histoire départementale.

M. de la Sicotière a bien voulu, avec son obligeance habituelle, nous indiquer les articles de ce travail, dus à la plume de Poulet-Malassis :

Introduction — Les Galls — Naturalisme, Polythéisme, Druidisme, les Monuments druidiques (p. I-VIII — signé A. P.-M.).

La Roche-Mabile — Chaumont (p. 25-28).

Montgaroult (p. 28-29).

Ecouché (p. 37-39).

O (p. 39-44).

Lonray — Colombiers (p. 59-67).

Héloup — Mieuxcé (p. 78-79).

Saint-Denis-sur-Sarthon — La Ferrière-Bochard (p. 103-105).

Pendant sa collaboration à l'*Orne archéologique*, Poulet-Malassis ne recevait que vingt francs pour chaque feuille.

1846. — INAUGURATION du Collège Royal d'Alençon par M. le ministre de l'Instruction publique le lundi 12 octobre 1846. *Alençon, Poulet-Malassis*, 1846, gr. in-8 de 15 pages.

Tiré à 10 exemplaires.

Les premières pages sont signées A. Poulet-Malassis.

Dans ce compte rendu prétentieux, Poulet-Malassis est loin de posséder encore ce style élégant et sobre que devaient apprécier un jour les lettrés les plus délicats. Il y fait en outre bon marché de cette indépendance démocratique qui allait le jeter, moins de deux ans après, dans les plus périlleuses aventures. « Derrière l'estrade, rapporte-t-il avec un enthousiasme tout officiel, le buste de Sa Majesté le Roi des Français semblait comme l'animer et resplendir. » Plus loin, il célèbre Le Verrier, « cet astronome qui a découvert un astre dans les profondeurs de son intelligence », phrase réjouissante que, quinze ans plus tard, il eut été heureux d'offrir à la gaieté de ses lecteurs de la *Revue anecdotique.*

M. L. Duval, dans ses *Ephémérides Alençonnaises* (*Courrier de l'Ouest* du 12 octobre 1882), dénonce, sans dévoiler le nom de Malassis, tout le ridicule de ce compte rendu, retrouvé par lui dans une collection du *Journal d'Alençon.*

1848. — L'AIMABLE FAUBOURIEN, journal de la canaille, paraissant le jeudi et le dimanche. *Bureaux à Paris, 98, rue Saint-Jacques; imp. d'A. René et Cie, rue de Seine, 32.*

Journal publié au commencement de juin 1848 et qui n'eut que cinq numéros.

Une note de la main de Poulet-Malassis, jointe à l'exemplaire de M. de La Sicotière, nous permet d'indiquer les articles écrits par lui dans les cinq numéros de l'*Aimable Faubourien.*

No 1 (du 4 au 8 juin) : *Les Circulaires et les Candidats — La Réaction et la République;* no 2 (du 4 au 8 juin) : *Anniversaire des 5 et 6 juin 1832 — Lettre d'un faubourien sur le décret relatif aux ateliers nationaux — La Côtelette à la Constituante;* no 3 (du 8 au 11 juin) : *Le Catholicisme et les Martyrs de la Démocratie;* no 4 (du 8 au 11 juin) : *Les Elections;* no 5 (du 15 au 18 juin) : Rien.

Un pamphlet de 8 p. in-8, *La République à Vincennes*, qui n'est pas de Poulet-Malassis, complète ordinairement la collection de l'*Aimable Faubourien.*

Poulet-Malassis, pendant les journées de juin, ne se contenta point de combattre avec la plume. Il avait été arrêté par des gardes nationaux et allait être fusillé, quand l'intervention d'un peintre de ses amis, M. Oudinot de la Faverie, lui sauva la vie. Transporté au fort d'Ivry, puis sur les pontons de Brest, il ne fut mis en liberté que le 23 décembre 1848, à la suite de démarches faites par M. Druet des Vaux, député royaliste de l'Orne.

Elève de l'Ecole des Chartes depuis deux années,

Poulet-Malassis fut considéré comme un martyr politique par les étudiants qui partageaient ses opinions et, quand, pendant sa détention, ils organisèrent un banquet, ils glorifièrent son nom en l'inscrivant sur un écusson appendu à la muraille.

Poulet-Malassis avait fait une admirable collection d'affiches, de circulaires, de brochures, de documents manuscrits et autographes relatifs aux événements de 1848 (1). Cette collection fut brûlée pendant les journées de juin par une personne qui craignait qu'elle ne fut compromettante pour le rédacteur de l'*Aimable Faubourien.*

1850. — SALOMON DE CAUS. Article publié dans le *Magasin pittoresque* (année 1850, p. 193-195) et rédigé à l'aide de matériaux communiqués par M. de La Sicotière. (Voir *Manuel du bibliographe normand*, par Frère, T. I, p. 282.)

Il est illustré d'un portrait portant la date de 1613, reproduction d'un tableau peint sur bois qui se trouve à Heidelberg, dans le musée d'antiquités. Ce portrait, trouvé par M. de La Sicotière, avait été lithographié à Heidelberg, par M. de Grimbert.

1855-1862. — REVUE ANECDOTIQUE des excentricités contemporaines (2), paraissant le 5 et le 20 de chaque mois. *Paris,* quatorze volumes in-12 (le dernier en deux parties) publiés successivement *à la librairie, rue de Seine, 11 ; imp. De Soye et Bouchet (1855-58).* —

(1) Poulet-Malassis avait également formé une curieuse collection de circulaires électorales relatives au département de l'Orne et de documents officiels concernant l'histoire de la guerre de 1870-71 dans le département. Cette collection appartient actuellement à l'auteur de cette bibliographie.

(2) Jusqu'en 1857, le titre était *Revue anecdotique des lettres et des arts.*

Rue de la Ferme des Mathurins, 15; typ. H. Plon (1860-61); — chez Poulet-Malassis, rue Richelieu, 97, et chez René Pincebourde, rue Richelieu, 78; imp. E. Voitelain (1862).

Auguste Poulet-Malassis dirigea avec Asselineau et P. Janet, en 1861 et 1862, cette *Revue*, fondée par MM. Larchey, Louis Lacour, Gœpp, etc. Lié, dès les premiers jours de son installation à Paris, avec les principaux fondateurs de ce recueil, il y collabora longtemps avant d'en prendre la direction. La *Revue Anecdotique* fut en quelque sorte le moniteur officiel de la librairie Malassis, le rendez-vous, pendant plusieurs années, d'une coterie d'artistes et d'écrivains hardis et indépendants. Baudelaire et Théodore de Banville, Monselet et Champfleury étaient les habitués de ce comptoir littéraire dont la *Revue Anecdotique* (T. XI, p. 163) annonce en ces termes l'ouverture :

« L'éditeur Poulet-Malassis, dont la maison à Paris était située jusqu'ici rue des Beaux-Arts, vient de louer une boutique au coin du passage Mirès et de la rue Richelieu. On parle beaucoup de la décoration future de cette nouvelle librairie. Les peintres réalistes doivent y peindre des plafonds et des fresques ; on cite les noms de Courbet, d'Amand, Gautier et autres. On y viendra comme à la Librairie Nouvelle, feuilleter et parcourir les ouvrages nouveaux. Ce sera un centre où l'on se retrouvera, et où l'on apprendra les nouvelles littéraires du jour. »

Un an après, le nouveau bureau d'esprit était dans tout son éclat :

« L'installation de la librairie Malassis et de Broise au passage Mirès a tenu les promesses artistiques que nous avions annoncées. Au-dessus de ses élégantes bibliothèques de chêne, se détache déjà une série de médaillons peints à la fresque sur fond brun et représentant une partie des auteurs édités par la maison : Monselet, Hugo, Th. Gautier, Champfleury, Th. de Banville, Baudelaire, Babou, Asselineau, etc.

« Plusieurs de ces portraits, dus aux pinceaux de MM. Bonvin, Soupplet, Lafond et Legros sont d'une ressemblance frappante.

« Dans la boiserie qui surplombe le comptoir, s'enchâsse un cartouche émaillé représentant la devise allégorique de la maison (1). Ce cartouche se reproduit sur un vaste poêle en faïence de diverses couleurs, dont le dessin est dû à Bracquemond et la fabrication aux frères Deck, ces maîtres faïenciers dont nous avons déjà vanté les produits à propos de la nouvelle installation de Nadar.

« Tout ce système d'ornementation est d'une sobriété de haut goût et d'une distinction parfaite. »

La nouvelle librairie prospéra tout d'abord et les livres portant son fleuron au caducée furent comptés bientôt parmi les bons. Ce fut alors que Poulet-Malassis imagina une marque parlante, dont nous avons cru curieux de reproduire quatre variantes, dans ce travail bibliographique.

« Le nom de Malassis, qui jouit d'une antiquité respectable dans les annales de la librairie normano-bretonne, égaye volontiers les profanes. Depuis l'installation de cette maison rue Richelieu, il n'est pas un gamin qui n'ait, en passant, équivoqué sur l'enseigne. Ces exclamations ont éveillé l'imagination artistique de notre bibliophile. Une marque parlante, composée par ses soins, gravera désormais mieux encore le nom de Malassis dans la mémoire des classes peu éclairées. Cette marque reproduit en tête de chaque volume un poulet battant de l'aile sur un perchoir, le long duquel ses pattes ont glissé (*Revue Anecdotique*, T. XIII, p. 239). »

Le 1er janvier 1862, Lorédan Larchey céda à Poulet-Malassis la direction de la *Revue Anecdotique*. Tout ce qui regardait l'administration ou la rédaction du petit recueil devait être adressé au domicile du nouveau directeur, 29, rue Neuve-Bréda. Lorédan Larchey annonça spirituellement cet événement aux lecteurs de la *Revue* (T. XIV; p. 17) :

« Depuis le 1er janvier 1862, M. Poulet-Malassis, notre ami et collaborateur a bien voulu nous soulager des tracas inséparables de l'administration du plus petit recueil. Or, un ancien souscripteur de la *Revue Anecdotique*, qui avait eu maille à partir avec sa librairie, accom-

(1) Un caducée tenu par deux mains dans un ovale, avec la légende *Concordiæ fructus*.

pagne son réabonnement du triolet ci-joint. En acceptant l'argent, notre directeur accepte d'emblée le triolet, qu'il trouve et a le droit de trouver charmant.

Pour Monsieur Lorédan Larchey,
De six francs j'ai versé la somme;
Aux combats l'or aidant l'archer,
Pour Monsieur Lorédan Larchey,
De six francs je fais bon marché.
Mais Poulet-Malassis m'assomme.....
Pour Monsieur Lorédan Larchey,
De six francs j'ai versé la somme.

Strasbourg, janvier 1862.

P. RISTELHUBER. »

Malgré le haut renom de sa librairie parmi les gens de lettres, Malassis, trop artiste pour être bon commerçant, ne sut point trouver la fortune. En 1862, il dut quitter la boutique du passage Mirès, si bien décorée et surtout si artistiquement fréquentée, et abandonner aussi la direction de la *Revue Anecdotique*. Il lui fallut même chercher un refuge en Belgique, à la suite de ce désastre financier.

1863-1867. — LA PETITE REVUE (14 novembre 1863 — 10 septembre 1867). *Paris, librairie Richelieu, René Pincebourde, éditeur, imp. Voitelain*, treize volumes in-8.

Quand Poulet-Malassis dut renoncer à la publication de la *Revue Anecdotique*, M. René Pincebourde, après une interruption d'une année, la continua sous le titre nouveau de *Petite Revue*. Poulet-Malassis y collabora activement en 1865 et 1866 (1).

Nous trouvons dans la *Petite Revue* (T. VII, p. 93) une ode de Théodore de Banville à Poulet-Malassis qui, en 1857, avait imprimé la première édition des *Odes funambulesques*.

Cette ode charmante est trop flatteuse pour l'éditeur alençonnais pour que nous ne cédions pas à la tentation

(1) Voir le catalogue de sa bibliothèque, p. 124.

de la transcrire ici. Elle était écrite au crayon par le poète sur le titre d'un exemplaire de la deuxième édition de son livre, édition toute simple et sans ornements typographiques, publiée par Michel Lévy, en 1859.

A MON AMI A. P.-MALASSIS

Mon cher éditeur, soyez franc!
Le croirez-vous? O temps burlesques,
Ce petit volume d'un franc,
C'est les Odes funambulesques !

Où ce petit fils de Marot
S'est-il égaré? Dans quel bouge
A-t-il perdu son blanc Pierrot
Et ses fleurons tirés en rouge?

Comme en revenant de Wilna
Un vieux grognard mélancolique
Etalait ses lambeaux, il n'a
Plus d'eau-forte *et plus* d'italique.

Pauvre livre, hier flamboyant,
S'il vous plaît de le reconnaître,
Vous pourrez dire, en le voyant,
« Je l'ai planté, je l'ai vu naître!»

C'est votre filleul, triste ou beau,
Sans vous, il dormirait encore
Dans la froide nuit du tombeau,
Et n'aurait pas connu l'aurore.

Sans émeraudes ni rubis,
Accueillez ce duc de Bohême
Et, malgré ses nouveaux habits,
Ne dédaignez pas son poëme.

Et qui sait? Vous que son tambour
Amusait comme un son frivole,
Ne pouvez-vous pas quelque jour
Lui rendre sa parure folle.

Au chant de quelque bengali,
Si nous avons le vent en poupe,
Il redeviendra très joli,
Comme fit Riquet-à-la-Houppe.

Sous le ciel riant de Watteau,
D'où les roses tombent en grappe,
On verra son vilain manteau
S'enfuir par le trou d'une trappe.

Et comme un Dieu calme et vermeil
Il montrera dans la nuit brune
Sa robe couleur de soleil
Et son pourpoint couleur de lune.

—:—

1862. — LA PREMIÈRE ÉDITION DE MARGUERITE DE NAVARRE.

Etude publiée dans l'*Annuaire du bibliophile, du bibliothécaire et de l'archiviste*, par Louis Lacour, 1862-63, 4 vol. in-8.

1863.—LE BOULEVARD, journal dirigé par Carjat.

Quelques articles des derniers numéros signés *Nobody* sont dûs à la plume de Poulet-Malassis.
Voir *Petite Revue*, T. VIII, p. 59.

1866. — ŒUVRES SATYRIQUES DE P.-CORNEILLE BLESSEBOIS. *Leyde (Bruxelles)*, 1676-1866, deux parties in-18 de XXXIV-216 et 164 pages, avec un frontispice à l'eau-forte.

Tirage à 204 exemplaires numérotés : 160 in-18 sur papier vergé ; 5 in-18 sur papier fin de Hollande ; 25 in-8 sur papier vergé ; 10 in-8 sur papier fin de Hollande ; 4 in-8 sur papier de Chine.
Avant-propos biographique et bibliographique de XXXIV pages par Poulet-Malassis.

1866. — NOTES SUR CORNEILLE BLESSEBOIS, *s. l.* 1866, in-18 de 34 pages.

Tirage à part à 30 exemplaires de l'avant-propos de l'ouvrage précédent.

2

Il porte comme fleuron de titre un coq chantant avec cette légende : *Cantabit qui cantavit.*

1867. — LUPANIE, Histoire amoureuse de ce temps (1668). Relation d'un voyage de Copenhague à Brême, en vers burlesques, par Clément (1676). *Leyde (Bruxelles)*, 1867, in-32 de 178 pages (1).

Tiré à 260 exemplaires : 230 in-32 sur papier fin de Hollande; 5 in-32 sur chine ; 15 in-8 sur papier fort de Hollande ; 5 in-8 sur papier fin de Hollande ; 5 in-8 sur chine.

Frontispice à l'eau-forte de Rops.

POULET-MALASSIS ET CORNEILLE BLESSEBOIS

A deux cents ans d'intervalle, ces deux Alençonnais, aux noms d'oiseaux batailleurs et mal assemblés, devaient se rencontrer, loin des paisibles bords de la Briante, dans le domaine de la fantaisie la plus éhontée.

Au temps des classiques, quand régnait l'abbé Delille, Corneille Blessebois était inconnu ou oublié. Les curieux plus tard, à l'aurore du romantisme, prirent quelque peu souci de ses ouvrages, mais ne s'inquiétèrent en rien de son histoire et Charles Nodier écrivit hardiment que Blessebois n'avait jamais existé nominativement que dans les livres (2). En 1837, — il y a près de

(1) Ce volume est le cinquième de la *Petite bibliothèque de la curiosité érotique et galante,* format Cazin.

(2) Voir *Mélanges tirés d'une petite bibliothèque*, p. 368.

cinquante ans — M. de La Sicotière, qui était déjà à la tête de nos travailleurs provinciaux, protesta dans sa *Notice nécrologique sur M. Libert* (1), déclarant que Blessebois n'avait rien d'un personnage imaginaire, qu'il était bel et bien né en Basse-Normandie. M. Libert, à qui la notice de M. de La Sicotière était consacrée, possédait un manuscrit inédit de Corneille Blessebois, *Les Aventures du Parc d'Alençon* (2), et avait même songé à le publier. Il eut ainsi donné l'exemple de ces réimpressions de l'écrivain alençonnais qui, depuis une vingtaine d'années, se sont succédées sans interruption. Poulet-Malassis, jeune alors, mais possédant en lui le germe de toutes les curiosités, surtout de celles qui ne sont point licites, s'intéressa, dès le début de sa carrière littéraire, à la figure énigmatique de Corneille Blessebois. Dans l'*Annuaire de l'Orne pour 1843*, il dressa le premier la liste de ses ouvrages, le qualifiant toutefois de poète ordurier, comme il convenait dans un recueil officiel, publié par une préfecture, et comme c'était au reste l'indéniable vérité. Vingt années se passèrent, puis, quand, en 1863, Malassis fut contraint de gagner la Belgique, cette patrie

(1) Voir *Notice nécrologique sur M. Libert*, p. 11.

(2) Ce manuscrit n'a jamais été publié. Il fait partie de la bibliothèque de M. le docteur Libert. M. de La Sicotière en possède une copie.

traditionnelle des publications libertines (1), il songea de nouveau à Corneille Blessebois, frappé peut-être de l'analogie de ses propres aventures avec celles de l'amant de Mlle de Sçay. Au milieu de publications licencieuses n'ayant pour excuse nul mérite littéraire, il pensa que les œuvres de son compatriote pourraient être réimprimées sans danger de scandale et à la grande joie des bibliophiles. Poulet-Malassis avait, il est vrai, été devancé dans ce travail de réédition par un chercheur ayant autant de zèle, sinon autant d'expérience que lui, M. Edouard Cléder, mais cet amateur avait apporté une lenteur réelle à l'exécution de son entreprise. Le premier volume publié par lui, *Le Zombi du Grand Pérou*, avait paru en 1862, *avec une notice biographique fausse et insuffisante*, d'après Malassis (2), *et une bibliographie*, à ce qu'il lui semblait, *très complète*. En 1864, M. Cléder avait encore publié le *Théâtre de Corneille Blessebois*, puis avait suspendu son travail de réédition. L'œuvre de Blessebois restait donc presque entier à réimprimer, quand Poulet-Malassis arriva en Belgique.

(1) Dans les deux sens du mot, celui d'autrefois et celui d'aujourd'hui. L'on publiait en effet simultanément à Bruxelles la *Bibliothèque des curiosités de la libre pensée* et la *Bibliothèque de la curiosité galante*.

(2) Lettre de Poulet-Malassis, communiquée par un de ses amis. La bibliographie de M. Cléder, attribuant à Blessebois certains ouvrages apocryphes n'était en réalité que trop complète.

Il ne perdit point de temps et fut servi à souhait par les circonstances. Le 15 mars 1863, le catalogue d'une vente, qui devait avoir lieu à Bruxelles, contenait quatre ouvrages de Corneille Blessebois, entre autres *Le Rut*, la plus biographique des productions du romanesque écrivain. Malassis eut une peine infinie à se procurer une copie de cet ouvrage rarissime, mais, l'ayant obtenue presque par surprise, il en composa la première partie de sa réimpression des *Œuvres satyriques*, en y joignant l'*Almanach des Belles pour l'année 1676*, et en l'illustrant de la reproduction d'un beau frontispice de Smeltzing. Il fallait mettre en tête de ce premier volume une notice biographique plus complète que celle de M. Cléder et basée cette fois sur des documents authentiques Poulet-Malassis, qui aimait à puiser aux sources les plus abondantes, chercha ce dont il avait besoin dans la riche bibliothèque normande de M. de La Sicotière et, assisté de l'érudition de son compatriote, publia un avant-propos de vingt-quatre pages, rempli de détails inédits du plus vif intérêt. Il songea alors à la publication du second volume des *Œuvres satyriques*, voulant le former de *Marthe Le Hayer*, de *Filon*, de *La Corneille de Mlle de Sçay* et du *Zombi du Grand Pérou*. Le troisième volume devait renfermer les *Pièces sacrées* (*L'Eugénie*, *les Soupirs de Sifroi*, *la Victoire spirituelle de la glorieuse sainte Reine)*, et *Le Lion d'Angélie* (1). Ces projets furent modifiés : le second volume fut composé de l'*Eugénie*, des *Portraits*, de *Marthe Le Hayer*, de *Filon*, et des *Pièces diverses ;* le troisième volume ne fut jamais publié. Le principal motif de la modification apportée à l'ordre de réimpression des *Œuvres satyriques* fut sans doute l'impossibilité pour Poulet-Malassis de se procurer un exemplaire de *la Corneille de Mlle de Sçay*. Cette pièce introuvable ne cessa point d'être l'objet de son ardente convoitise. Il ne négligea rien pour l'avoir entre les mains, faisant, dans l'*Intermédiaire* et dans son *Bulletin trimestriel des publications interdites*, le plus pressant appel aux bibliophiles. Cet appel étant resté sans réponse, Poulet-Malassis, en 1872, semble avoir, mais non sans dépit, renoncé à toute espérance. Il conseille en effet à un de ses amis projetant aussi un travail sur Blessebois « de ne point s'occuper de *la Corneille de Mlle de Sçay*, qui est introuvable. Vous savez », ajoute-t-il, « qu'il n'a jamais paru dans les ventes que l'exemplaire incomplet de la bibliothèque Soleinne (nº 1464). On le dit chez le baron Taylor, mais est-ce certain ? Le baron Taylor a vendu depuis ce temps-là plusieurs fois sa bibliothèque. A supposer qu'il y soit réellement, et que le baron

(1) Lettre de Malassis à un de ses amis.

meure, et qu'il y ait vente, rien ne nous assure qu'il soit possible d'avoir communication du bouquin. Il se vendrait fort cher, comme toutes les curiosités inutiles à ceux qui les acquièrent, et sans doute à quelque bibliotaphe, dont le premier soin serait de l'ensevelir jusqu'au grand jour, où on l'ensevelirait lui-même. »

En 1867, Poulet-Malassis donna la réimpression de *Lupanie*, roman publié à Leyde en 1668 et souvent attribué à Corneille Blessebois. Il établit, dans un avant-propos fort judicieux, que l'Alençonnais, n'ayant pas quitté la Normandie avant la fin de l'année 1672, ne pouvait être l'auteur d'un ouvrage publié en Hollande dès 1668. Malassis dut plus tard revenir sur ce sujet.

Lupanie ayant en effet été, en 1869, l'objet d'une nouvelle édition (édition qui devait entrer dans la collection des œuvres complètes de Blessebois, préparée par M. Cléder), fut de nouveau attribuée à l'écrivain bas-normand. Poulet-Malassis, en annonçant cet ouvrage dans son *Bulletin trimestriel* (1), protesta de nouveau contre cette attribution mensongère.

En 1688, *Lupanie* avait été réimprimée, sous le titre d'*Alosie*, dans *les Amours des dames illustres de notre siècle*. Mme de Montifaud, donna, en 1880, une nouvelle édition d'*Alosie*, et, la

(1) Voir *Bulletin trimestriel des publications interdites en France*, n° 7.

faisant précéder d'une notice biographique sur Corneille Blessebois, lui attribua de nouveau, et malgré tout, *Lupanie*. Cette fois, le pauvre Poulet-Malassis n'était plus là pour crier à l'imposture.

Il avait joint à sa propre réimpression de ce roman *la Relation d'un voyage de Copenhague à Brême* en vers burlesques. Il prouva également, dans l'avant-propos de cet ouvrage, qu'il n'était pas dû à la plume de Corneille Blessebois et y donna les plus curieux détails sur son véritable auteur, Clément, musicien français au service du roi de Danemark (1).

Une troisième fois Poulet-Malassis eut à signaler comme apocryphe un ouvrage attribué à Corneille Blessebois. Il s'agissait de *Priape, opéra en musique* (1694), réimprimé textuellement en 1869. Blessebois en était désigné comme l'auteur *sans aucune bonne raison, ou plutôt sans raison aucune* (2). Poulet-Malassis, dans le *Bulletin trimestriel*, fit encore justice de cette attribution fantaisiste.

Mme de Montifaud ayant récemment réimprimé *le Lion d'Angélie* et *le Zombi du Grand Pérou*, les œuvres de Corneille Blessebois ont actuellement, grâce à M. Cléder et surtout grâce à Malassis, été toutes l'objet de nouvelles éditions.

(1) Voir *Bulletin trimestriel*, n° 1.
(2) Voir *Bulletin trimestriel*, supplément au n° 5.

Il faut en excepter toutefois *les Aventures du Parc d'Alençon* encore inédites et la fameuse *Corneille de Mlle de Sçay.*

En faisant d'une façon définitive la bibliographie de Corneille Blessebois, Poulet-Malassis a bien mérité de ceux qui prennent souci de notre histoire littéraire comme de ceux qui s'intéressent à nos écrivains provinciaux. Chose singulière, sous maints rapports, la fortune d'Auguste Poulet-Malassis ressemble à celle de Corneille Blessebois. Aujourd'hui, moins de sept ans après la mort du bibliographe alençonnais, il nous a fallu parfois des recherches infinies pour savoir si tel ou tel opuscule anonyme devait lui être attribué, s'il était ou non l'auteur de certaines plaquettes non signées. Dans vingt ans, la bibliographie de Poulet-Malassis serait bien difficile à faire. C'est pourquoi nous avons voulu, dès aujourd'hui, dresser la liste de ses ouvrages. Les amateurs de l'avenir nous en sauront peut-être gré, car il est possible qu'un jour ils se disputent les productions du fantaisiste bas normand, portant sur la couverture les initiales A. P. M. ou le poulet trébuchant, comme ceux d'aujourd'hui s'arrachent les comédies et les romans de Blessebois, sortis de chez *Pierre Marteau* ou de *chés Simon l'Afriquain.*

1864. — LE PARNASSE SATYRIQUE du dix-neuvième siècle, recueil de vers piquants et gaillards de MM. de Béranger, V. Hugo, E. Deschamps, A. Barbier, A. de Musset, Barthélemy, Protat, G. Nadaud, de Banville, Baudelaire, Monselet, etc. *Rome à l'enseigne des sept péchés capitaux, s. d. (Bruxelles, Briard* (1864). 2 vol. in-18 de 240, 262 pages.

Deux frontispices à l'eau forte de F. Rops; huit fac-similés et un morceau de musique; dans les exemplaires en papier vergé. Ils ne se trouvent pas dans le tirage sur vélin.

Le *Parnasse satyrique* est un recueil de poésies licencieuses, dont les matériaux ont été colligés par Poulet-Malassis et Alfred Delvau. Les notes et les commentaires sont de Malassis, qui a lui-même fourni à ce recueil deux épigrammes (*Consolation à Marguerite Gautier*, T. I, p. 188, *Monselet gourmand*, T. II, p. 51) et un triolet (*Durandeau, ancien zouave*, T. II, p. 156).

Le *Monselet gourmand* est la seule pièce que nous puissions reproduire ici :

« Monselet priait Dieu : « Seigneur! sans en rabattre,
Qu'on m'acclame gourmand, goinfre! et le bruit commun
De mon renom fera qu'on m'invite comme un
Qu'il faut voir manger comme quatre. »

Le *Monselet gourmand* n'est point un chef-d'œuvre, mais Poulet-Malassis a été parfois plus finement inspiré. Le quatrain ci-dessous dirigé contre deux financiers de province, fit rire jadis toute la ville d'Alençon.

« N........... avec M. .... doit déjeuner demain.
— On devine pourquoi ces deux...... Messieurs s'abouchent :
C'est qu'ainsi qu'on le dit, les extrêmes se touchent ;
L'un lève bien le pied, et l'autre bien la main. »

1866. — LE NOUVEAU PARNASSE SATYRIQUE du dix-neuvième siècle, suivi d'un appendice au Parnasse satyrique (anonymes et pseudonymes dévoilés, rectifications, adjonctions).

Eleutheropolis, aux devantures des libraires, ailleurs dans leurs arrière boutiques (Bruxelles), 1866, in-18, II-273 pages.

Cette troisième partie a été recueillie et annotée par Poulet-Malassis. Elle ne contient pas de vers de lui. L'avertissement de deux pages est interligné d'encre noire et rouge.

1864-1866. — LE THÉATRE ÉROTIQUE de la rue de la Santé, son histoire. *Batignolles (Bruxelles)*, 1864-66, in-18 de 220 pages, en deux parties.

Deux frontispices de Rops et le fac-simile d'un billet d'invitation.

Le *Théâtre de la rue de la Santé* est peut-être le plus licencieux des ouvrages publiés en Belgique par Poulet-Malassis. Les pièces composant le recueil sont d'Amédée Rolland, Jean Du Boys, Lemercier de Neuville, Tisserant, Henry Monnier et Albert Glatigny. L'histoire seule du *Théâtre de la rue de la Santé*, signée *l'illustre Brizacier* a été écrite par Poulet-Malassis. Elle a été réimprimée, en 1871, à Bruxelles, sous le nom de Delvau, sans que Malassis ait protesté.

1866. — ALCIBIADE ENFANT A L'ÉCOLE, traduit pour la première fois de l'italien de Ferrante Pallaviccini. *Amsterdam, chez l'ancien Marteau (Bruxelles, J.-P. Blanche)*, 1866, in-18 de XV-128 pages.

L'auteur de cette traduction est inconnu ; celui de l'avant-propos ne l'a point signé.

1866. — POINT DE LENDEMAIN, conte de Vivant Denon, suivi de la NUIT MERVEILLEUSE. *Paris (Bruxelles), H. Briard*, 1866, in-16 de VIII-126 pages. Frontispice anonyme à l'eau-forte par Rops.

Texte emprunté à une édition précédente de M. Charles Mehl (*Strasbourg*, 1862, in-12), qui lui-même avait suivi l'édition de 1812 et non la rédaction originale, parue dans le *Journal des Dames*, de Dorat, en 1777 (voir ci-dessous). *La Nuit Merveilleuse* est une paraphrase du conte primitif, d'un auteur inconnu (1).

1867-70. — BULLETIN TRIMESTRIEL des publications interdites en France imprimées à l'étranger. *S. l.* (*Bruxelles*), août 1867 — avril 1870. Chaque numéro se composait de quatre pages in-8 sans pagination et parfois d'un supplément. Le prix de l'abonnement était de quatre francs par an. Le bulletin était tiré à 500 exemplaires.

Le *Bulletin trimestriel* est un véritable moniteur de la littérature clandestine à la fin du second empire. Tout ce qui attaquait l'empereur ou la morale y était annoncé et prôné, et l'on y rencontre pêle-mêle les noms de Rochefort et de Crébillon fils, de Paschal Grousset et du marquis de Sade.

La collection se compose de huit bulletins numérotés (nos 1, 1er août 1867 — 2, 15 novembre 1867 (le supplément annoncé pour décembre n'a pas paru), — 3, 5 avril 1868 — 4, 28 octobre 1868, avec un supplément — 5, 8 mars 1869, avec un supplément — 6, 10 juillet 1869 — 7, 25 octobre 1869 — 8, 31 décembre 1869.) Une feuille simple intitulée *Livres nouveaux*, publiée après que Malassis, profitant de l'amnistie de 1869, fut rentré en France, complète la collection.

Malassis rapporte, dans le 8e bulletin, l'histoire assez plaisante d'un pamphlet séditieux sorti des presses officielles de l'imprimeur de notre préfecture.

« La première édition de la *Régence de Décembrostein* n'a pas été imprimée à Bruxelles ; elle est sortie des presses de M. Thomas, imprimeur de la Préfecture à Alençon, et même a été déclarée et déposée, conformé-

(1) Voir *Notice bibliographique* de M. Tourneux, p. VIII.

ment à la loi française. Une seconde édition était sous presse, lorsque M. de Magnitot, préfet de l'Orne, fut avisé de l'incartade de son employé. Cette seconde édition a été mise au pilon, bien entendu, mais, prenant en considération la mansuétude des temps, M. de Magnitot s'est contenté de laver la tête à M. Thomas, à grande eau. »

M. Gay nous a indiqué Poulet-Malassis comme ayant eu le premier, la pensée de publier la *Bibliothèque des curiosités de l'hétérodoxie et de la libre pensée*, composée du *Traité des trois impostures*, de *la Béatitude des Chrestiens* de Geoffroy Vallée, du *Péché originel* de Beverland et du *Second enfer*, d'Etienne Dolet. Néanmoins, ces ouvrages ayant été publiés chez Bluff et les notices qui les précèdent étant signées Philomneste Junior (M. Gustave Brunet), nous ne croyons pas devoir les compter parmi ceux édités par Poulet-Malassis et leur donner, à ce titre, une place dans cette étude bibliographique.

Quant à la *Bibliographie des ouvrages relatifs à l'amour*, M. Gay nous a affirmé que, quoique certains catalogues en attribuent la rédaction à Poulet-Malassis, ce dernier n'y a collaboré en aucune façon.

En revanche, une lettre de Malassis, que nous avons sous les yeux, établit que pendant son séjour à Bruxelles, il « fut mêlé, sans en être l'éditeur, » à la publication des quatre ouvrages ci-dessous :

1° *Le Cabinet satyrique ou recueil parfait des vers piquants et gaillards de ce temps*, etc. Nouvelle édition complète revue sur les éditions de 1618 et de 1620 et sur celle dite du Mont-Parnasse, sans date.

2° *Le Parnasse Satyrique du sieur Théophile, suivi du nouveau parnasse satyrique*, édition revue sur toutes les éditions du XVIIe siècle, corrigée et annotée.

3° *L'École des Filles* de Mililot, réimpression complète du texte original sur la contrefaçon hollandaise de 1668.

4° *Le Théâtre Gaillard*, revu et augmenté.

Le rôle de Poulet-Malassis dans la publication de ces quatre ouvrages ne fut point, d'après lui-même, assez important pour que nous consacrions à chacun d'eux un article spécial dans cette bibliographie.

1867. — CONTES NOUVEAUX par Andréa de

Nerciat, précédés d'une notice bio-bibliographique, ornés d'un portrait inédit de l'auteur, *Liège (Bruxelles)*, 1777-1867, in-18 de VIII-120 pages.

Le portrait gravé par Bracquemond, d'après un dessin à la sanguine représentant un personnage inconnu, est apocryphe (1). Cette réimpression de Poulet-Malassis, Lécrivain et Briard fut l'objet d'une condamnation prononcée par le tribunal correctionnel de Lille, le 6 mai 1868 et insérée au *Moniteur*, le 19 septembre de la même année.

Auguste Poulet-Malassis et Alphonse Lécrivain furent condamnés chacun à un an de prison et mille francs d'amende. Poulet-Malassis, alors en Belgique, rentra en France, nous l'avons dit, après l'amnistie du 15 août 1869.

1867 (2). — UN ÉTÉ A LA CAMPAGNE, correspondance de deux jeunes parisiennes recueillie par un auteur à la mode. *S. l. (Bruxelles, imp. Briard)*, 1866, in-18 de 228 pages, non compris le titre rouge et noir.

Mise en vente : 230 exemplaires sur papier de Hollande, 6 sur grand papier de Hollande et 6 sur papier de Chine.

Roman licencieux, dont le manuscrit primitif avait été abandonné chez un relieur de Bruxelles. Il fut récrit et refait entièrement par Malassis.

1867. — ORGANT, poëme en vingts chants par Saint-Just, avec la clef, avant-propos bibliographique et portrait gravé à l'eau-forte. *Au Vatican (Bruxelles)*, 1789-1867, 2 vol. in-32 de VIII-134 et 138 pages (3).

(1) Voir *Notice* de M. Tourneux, p. IX.

(2) Il est annoncé dans le *Bulletin trimestriel*, n° 2 (15 novembre 1867).

(3) Ces deux volumes sont le sixième et le septième de la *Petite bibliothèque de la curiosité érotique et galante*, format Cazin.

Tiré à 261 exemplaires : 230 sur papier fin de Hollande, in-32 ; 5 sur chine, in-32 ; 15 sur papier fort de Hollande, in-8 ; 5 sur chine in-8.

Le portrait est d'après le pastel appartenant alors à M. Hamel, de Paris. C'est le plus jeune des trois portraits de Saint-Just. (Voir *Bulletin trimestriel*, nº 2.)

1868. — MANUSCRIT trouvé à la Bastille, concernant les lettres de cachet lancées contre Mademoiselle de Chantilly et M. Favart, par le maréchal de Saxe, avec le fac-simile de la marque du Théâtre du maréchal de Saxe à Bruxelles, d'après F. Boucher. *Bruxelles*, 1868 ; *imp. J. Rops*, in-8 de XI-63 pages, titre rouge et noir.

Tirage à 70 exemplaires : 60 sur vergé ; 6 sur grand papier de Hollande ; 4 sur chine. La marque du théâtre a été gravée par Rajon.

Le *Manuscrit trouvé à la Bastille* a été imprimé pour la première fois en 1789, in-8, 49 p. *S. l. n. d.*

La préface (sans titre et anonyme) de Malassis renferme des renseignements précieux sur le théâtre de Maurice de Saxe en campagne (1).

1867 (2). — SANS DEVANT DERRIÈRE, par le prince de — (le prince de Ligne) sur l'imprimé de Belœuil, *sans titre, sans nom d'auteur, sans nom de lieu, sans date* (*Bruxelles* 1867), in-8 de VII-75 pages.

70 exemplaires numérotés à la presse ; 16 sur grand papier de Hollande ; 4 sur papier de Chine et 50 sur papier de Hollande, mis seuls dans le commerce.

Recueil de poésies gaillardes, *juvenilia* du prince de

(1) Voir *Notice* de M. Tourneux, p. X.

(2) La publication de ce volume est antérieure à 1868, car il est annoncé dans le 1er *Bulletin trimestriel* (août 1867.).

Ligne, réimprimé sur un des deux exemplaires connus. L'éditeur, dans un avant-propos, donne la bibliographie des livres sortis des imprimeries particulières du prince de Ligne, à son château de Belœil et en son hôtel à Bruxelles.

Voir, sur l'imprimerie du prince de Ligne, *Recherches sur les imprimeries imaginaires, clandestines et particulières,* par Philomneste Junior, p. 27.

1870. — POÉSIES DE JULES BARBEY D'AUREVILLY, commentées par lui-même. *S. l.* 1870; (*Bruxelles, imp. J.-H. Briard*), in-8 de 70 pages, titre rouge et noir.

Au verso du faux titre : La première édition de ces poésies a été imprimée à Caen, chez Hardel, en 1854, à 36 exemplaires, par les soins de G. S. Trébutien ; sur un feuillet liminaire avant la dédicace : Cette nouvelle édition des *Poésies* de Jules Barbey d'Aurevilly, préparée par G.-S. Trébutien, a été imprimée à 72 exemplaires par les soins de Insignis Nebulo.

Il a été tiré à quelques exemplaires sur papier vergé et sur chine deux appendices de quatre pages chacun : *Tire-bouchonnade à Jean Rambosson*, bouffonnerie rimée et *M. Barbey d'Aurevilly chez lui*, article de M. Babou, extrait de la *Petite Revue* (1).

Poulet-Malassis possédait un exemplaire de cet appendice, auquel il avait joint la charge de l'auteur, fac-simile par Aglaüs Bouvenne. Il fut vendu 23 fr. à sa vente. Il était lié depuis de longues années avec Barbey d'Aurevilly pour qui il avait imprimé, en 1862, *Du Dandysme et de G. Brummel*, (2e édition.)

1872-1877. — DICTIONNAIRE DES OUVRAGES ANONYMES par Ant.-Alex. Barbier, troisième édition, revue et très augmentée par MM. Olivier Barbier, René et P. Billard, *Paris, P. Daffis*, quatre volumes in-8.

(1) Voir *Notice* de M. Tourneux, p. X.

Quoique le nom de Poulet-Malassis ne figure pas sur le titre, il collabora activement à la rédaction de cet ouvrage. En 1871, il s'était entendu avec M. Daffis pour diriger littérairement les opérations de sa librairie, y tenir la place de P. Jannet, mort pendant le siège de Paris, et assister M. Ollivier Barbier dans sa nouvelle édition du *Dictionnaire des ouvrages anonymes.*

1873. — PAPIERS SECRETS ET CORRESPONDANCE DU SECOND EMPIRE. Réimpression complète de l'édition de l'imprimerie nationale, annotée et augmentée de nombreuses pièces publiées à l'étranger et recueillies par A. Poulet-Malassis. *Paris*, *A. Ghio*, 1873 ; *imp. Ad. Mertens*, *à Bruxelles*, in-8 de 444 pages avec nombreux fac-similés. Réimprimé à *Paris à l'imp. Paul Dupont.*

Chacun connait la honteuse spéculation de scandale fondée par le gouvernement de la défense nationale sur la publication des papiers dérobés aux Tuileries. Le scandale fit long feu et la curiosité des premiers moments satisfaite, la publication officielle tomba sous le mépris et l'indifférence. La réimpression de Poulet-Malassis obtint un peu plus de succès et, donnée en prime par le journal *le Siècle*, se vendit assez facilement en raison du prix peu élevé.

Poulet-Malassis avait joint au texte de l'imprimerie nationale des réponses publiées pendant la guerre par divers personnages bonapartistes.

Deux ans auparavant, Poulet-Malassis avait réimprimé deux articles anonymes de Rossel sur la capitulation de Metz, publiés en novembre 1870, dans l'*Indépendance Belge*. Nous n'avons pu avoir entre les mains un exemplaire de cette réimpression.

1872. — CHARLES BAUDELAIRE. Souvenirs, correspondances, bibliographie, suivie de pièces inédites. *Paris*, *René Pincebourde*,

1872; *imp. V. Forest et Emile Grimaud, Nantes*, in-8 de 208 pages.

Il a été tiré des exemplaires sur papier vergé et 6 sur chine numérotés.

Ce volume, hommage rendu à la mémoire de Baudelaire par plusieurs de ses amis, a été arrangé et complété par Poulet-Malassis. La plupart des pièces ou lettres inédites qu'il renferme lui appartenaient. La *Biographie* signée « Charles C......., bibliotaphe » est de M. Charles Cousin, inspecteur principal au chemin de fer du Nord. L'article d'Asselineau sur Baudelaire et Alfred de Vigny avait paru dans l'*Amateur d'autographes*. La *Bibliographie* avait été préparée par M. le vicomte de Spoelberch (1).

Neuf lettres inédites de Baudelaire à Poulet Malassis furent publiées dans cet ouvrage (p. 19-38.).

Baudelaire, depuis 1850, avait été constamment en correspondance avec Poulet-Malassis. Il fit imprimer par lui à Alençon, en 1854, la *Philosophie de l'ameublement*, puis à Paris, quand Malassis s'y fut établi, *Théophile Gautier*, *les Paradis Artificiels* et deux éditions des *Fleurs du Mal*. Il collabora, en 1862, à la *Revue Anecdotique* pendant que Poulet-Malassis en était propriétaire.

Après la fermeture de la librairie artistique de la rue Richelieu, Baudelaire et Malassis se retrouvèrent en Belgique. Amis en France, ils devinrent inséparables à l'étranger. « Un de nos amis qui revient de Bruxelles nous dit qu'on continue d'y rencontrer de part et d'autre M. Charles Baudelaire, toujours en compagnie de son ancien éditeur Malassis. » (*Petite Revue*, T. V, p. 71.)

Une collection de 144 lettres de Baudelaire, correspondance précieuse pour l'histoire littéraire pendant le second Empire, atteignit le chiffre de 660 fr. à la vente de Poulet-Malassis.

1873. — DELVAU (Alfred). Au bord de la Bièvre, impressions et souvenirs. Nouvelle édition, précédée d'une bibliographie des ouvrages de l'auteur. *Paris, René Pincebourde,*

(1) Voir *Notice* de M. Tourneux, p. XI.

1873 ; *imp. Wittersheim*, in-12 de xxxi-132 pages.

Quelques exemplaires sur grand papier vergé in-8 et 6 exemplaires sur chine.

Poulet-Malassis a rédigé la *Bibliographie des livres et publications d'Alfred Delvau*, qui était intimement lié avec lui.

A la vente de Malassis, quatre lettres de Delvau, pleines de détails curieux sur Champfleury, Babou et Rops furent vendues 39 fr.

Dans le second numéro du *Junius, Chronique des deux mondes (Dentu*, 1862 ; 2 n[os] signés d'Alphonse Duchesne et d'Alfred Delvau), se trouve une lettre de Poulet-Malassis, annotée par Alfred Delvau.

1874. — SIÈGE DE PARIS DE 1870. Cinq eaux-fortes par Bracquemond. (Le Bastion 84. — Bicêtre et les Hautes-Bruyères. — La route d'Italie. — La statue de la résistance de Falguière. — Le buste de la République de Moulin). *Paris, P. Rouquette*, 1874 ; *imp. Motteroz*, in-4 de 8 pages et 5 planches.

L'avant-propos sans titre est anonyme.

1874. — SEPT DESSINS de gens de lettres : MM. Victor Hugo, P. Mérimée, E. et J. de Goncourt, Ch. Baudelaire, Th. Gautier, Charles Asselineau, *fac-similés* par Aglaüs Bouvenne, texte de MM. Charles Asselineau, Ph. Burty, Alexis Martin, P.-Malassis, Maurice Tourneux. *Paris, Rouquette*, 1874 ; *imp. Lemercier, typ. Gauthier-Villars*, 8 pages de texte et 7 planches.

Tiré à 70 exemplaires numérotés, dont 50 seulement ont été mis dans le commerce.

L'original de la caricature de Sainte-Beuve par M. Asselineau appartenait à Poulet-Malassis ; la note de quelques lignes qui accompagne le *fac-similé* est à la dernière page du texte (1).

1874. — MÉMOIRES ET RÉFLEXIONS DU COMTE DE CAYLUS, imprimés pour la première fois sur le manuscrit autographe, suivis de l'histoire de M. Guillaume, cocher, réimprimée sur l'édition originale, sans date. frontispice et fac-similé. *Paris, P. Rouquette*, 1874; *imp. Motteroz*, in-12 de 162 pages, non compris le titre, la table et un feuillet d'errata.

Tiré à 500 exemplaires sur papier vergé et 10 sur papier de Chine.

Le frontispice, gravé à l'eau-forte par M. H. Valentin, est la reproduction d'une planche de Monnet dans l'édition des *Œuvres badines* du comte de Caylus; le fac-similé (p. 17), est celui de la première page du manuscrit autographe (Portrait de Mme de Parabère) (2).

Avertissement de quatorze pages et bibliographie de deux, non signés.

1874. — APPENDICE à la seconde édition de la Bibliographie Romantique, par Charles Asselineau, suivi de la table des noms des écrivains et des artistes du XIXe siècle, cités dans ce livre, et de celle des ouvrages qui y sont décrits. *Paris, P. Rouquette*, 1874; *Alençon, typ. E. De Broise*, in-8 de 72 pages.

La pagination continue en effet le volume dont cette brochure est l'appendice (p. 268-335), plus le titre.

M. Charles Asselineau, déjà très souffrant, confia à son ami, Poulet-Malassis, la rédaction de ce complément; il en écrivit seulement la préface et le chapitre sur Charles Nodier.

(1) Voir *Notice bio-bibliographique* sur Asselineau, par M. Maurice Tourneux, p. XXVI.

(2) Voir *Notice* de M. Tourneux, p. XII.

1874. — LES EX-LIBRIS FRANÇAIS depuis leur origine jusqu'à nos jours. Notes sur leur usage et leur curiosité. Fac-similé du plus ancien ex-libris français connu. *Paris, P. Rouquette,* 1874; *Alençon, typ. E. De Broise,* in-8 de 50 pages, non compris le faux-titre et titre.

Tiré à 100 exemplaires sur papier vergé, paraphés par l'auteur.

L'ex-libris reproduit en regard du titre et annoncé sur la couverture est celui de Dacquet, bibliophile inconnu; celui de Malassis, dessiné et gravé par Bracquemond, est placé à la fin du volume en guise de cul-de-lampe (1).

Poulet-Malassis avait toujours eu la passion des ex-libris. Antérieurement à celui reproduit dans cet ouvrage (Les initiales A. P. M. et un livre dans la boucle d'un L, dominant ce cri victorieux : JE L'AI !) il en avait un décrit par M. Ph. Burty dans sa *Notice biographique* (p. IV). C'était un triangle contenant les mots : PAUCI, BONI, NITIDI, avec les initiales A. P. M. aux angles.

Le livre de Poulet-Malassis, le seul jusqu'à présent consacré aux ex-libris, est peut-être de tous ses ouvrages, celui qui obtint le meilleur accueil. Cet accueil surprit Malassis lui-même, et il écrivit tout heureux à un de ses amis :

« Ma brochure sur les ex-libris a été un succès. Je supposais que j'en vendrais bien dix exemplaires, mais — ce que c'est que de nous ! — elle s'est enlevée en quinze jours et aurait pu avoir la vente d'un tirage double de celui que j'avais fait. Cela m'a décidé à une seconde édition revue et fort augmentée, avec figures typiques, dont je m'occupe présentement. »

Nous verrons bientôt paraître cette seconde édition.

Ce succès était mérité, et il faut savoir gré à Poulet-Malassis d'avoir attiré l'attention des curieux sur ces ex-libris, aux larges armoiries et aux élégants cartouches, souvent intéressants au point de vue de l'art, toujours à

(1) Voir *Notice* de M. Tourneux, p. XII.

celui de la science héraldique. En province même, et dans notre pays en particulier, combien un travail sur les ex-libris locaux ne serait-il pas précieux ! N'aurions-nous pas, pour l'illustrer splendidement, les beaux ex-libris des du Bois de Belhost, des Gallery, des Le Forestier, des Thiboult du Puisact et de tant d'autres ?

1875. — CATALOGUE de la Bibliothèque Romantique de Feu M. Charles Asselineau homme de lettres, sous-bibliothécaire à la Mazarine dont la vente a eu lieu les 1er, 2 et 3 décembre 1874, précédé d'une notice bio-bibliographique de M. Maurice Tourneux et du discours prononcé sur sa tombe par M. Théodore de Banville, suivi de la liste des prix de la vente, orné de deux portraits gravés par MM. Aglaüs Bouvenne et Fréd. Régamey et de deux ex-libris de M. Bracquemond. *Paris, P. Rouquette, A. Voisin et J. Baur*, 1875; *typ. Meyrueis*, in-8 de XXXVIII-122 pages.

Magnifique publication, le modèle des catalogues artistiques. Toutes les cartes de ce catalogue ont été préparées par Poulet-Malassis et c'est à ce titre qu'il doit avoir une place dans sa bibliographie (1).

Asselineau était étroitement lié avec Poulet-Malassis, depuis que ce dernier avait si artistiquement imprimé à Alençon ses premiers opuscules. Nous extrayons de la notice de M. Tourneux sur Charles Asselineau quelques lignes relatives à ces jours brillants de l'imprimerie alençonnaise.

« C'est ainsi qu'Asselineau publia dans diverses feuilles quotidiennes l'*Histoire du Sonnet*, *Marc de Maillé, les Albums et les Autographes*, *Lazare Bruandel*, etc., etc., qui, réimprimés par M. Auguste Poulet-Malassis, alors directeur du *Journal d'Alençon*, furent ensuite tirés à

(1) Nous devons ce renseignement à l'obligeance de M. Rouquette.

part..... Il se noua, à cette occasion, entre Asselineau et son éditeur imprévu, des relations qui se resserrèrent peu à peu et qui n'ont cessé qu'avec lui-même..... De cette imprimerie de la Place d'Armes d'Alençon allait bientôt sortir tout un bataillon de livres qui feront toujours honneur à la littérature contemporaine et à la typographie française. Asselineau, Baudelaire, M. Théodore de Banville, M. Hippolyte Babou, M. Charles Monselet, M. Champfleury avaient rencontré un éditeur qui prenait un plaisir délicat à publier les livres qui lui convenaient. (*Catalogue de la vente Asselineau*, p. IV.) »

1875. — PAUL ROUILLON. A propos d'une faïence républicaine à la date de 1868. *Paris, Manginot-Hellitasse*, 1875; *Alençon, E. de Broise*, in-12 de 24 pages.

Tiré à 200 exemplaires sur papier vélin et 10 sur whatman.

L'assiette reproduite sur bois en regard du texte est un des premiers essais de M. Bracquemond dans un art où il est passé maître; il en existe plusieurs exemplaires chez divers curieux (1).

Paul Rouillon est un pseudonyme formé d'un des prénoms de Poulet-Malassis et du nom de famille de sa mère, née Rouillon-Orgeval.

Poulet-Malassis parle (p. II) d'une pièce pouvant faire pendant à l'assiette républicaine. « C'est un plat où le coq gaulois, tout hérissé, tout congestionné, s'apprête à gober une fleur de lys qui vogue dans l'air. *Si tu l'atrape mange la*, dit l'inscription. Pièce d'un dessin barbare et d'une fabrication grossière, œuvre de quelque potier *libéral* faisant des vœux pour la capture de la duchesse de Berry. » — « Ce plat, ajoute Poulet-Malassis dans une note, se trouve à Alençon dans la collection de M. Léon de la Sicotière. »

La faïence avec le coq gaulois n'est point une mystification, comme nous l'avions d'abord pensé. Elle fait partie

(1) Voir *Notice* de M. Tourneux, p. XIII.

en réalité de la collection de M. de La Sicotière et nous l'avons vue chez lui à Alençon.

1875. — UN RÊVE, ballade par Alfred de Musset. Cent cinquante vers inconnus avec note bibliographique, suivie d'une notice des portraits du poëte. *Paris, P. Rouquette*, 1875; *imp. Motteroz*, in-8 de 22 pages (1).

Tirage à 100 exemplaires sur vergé, 10 sur whatman et 10 sur chine. La note (sans titre) est signée A. P.-M; la notice sur les portraits est de M. Maurice Tourneux.

1875. — LETTRE inédite de Philothée O'Neddy, auteur de *Feu et flamme*, sur le groupe littéraire romantique des Bousingos (Théophile Gautier, Gérard de Nerval, Petrus Borel, Bouchardy, Alphonse Brot, etc.). *Paris, P. Rouquette*, 1875; *imp. Motteroz*, in-8 de 16 pages.

Mise en vente : 100 exemplaires sur papier vergé et 10 sur chine.

Avertissement d'une demi-page, sans titre, ni signature

L'autographe de cette lettre « qui n'est rien moins que l'histoire du groupe littéraire romantique dit des Bousingos (2) » avait été placé par Asselineau dans son exemplaire de la *Bibliographie romantique* (nº 15 de sa vente), payé 345 fr. par M. Paul Arnauldet.

1875. — MONSIEUR ALPHONSE LEGROS AU SALON DE 1875. Note critique et biographique, ornée de trois gravures du maître. *Paris, P. Rouquette, Londres, R. Seeley*, 1875; *imp. Motteroz*, in-4 de 12 pages.

(1) Voir *Notice* de M. Tourneux, p. XIII.

(2) Voir *Catalogue de la vente Asselineau*, p. 6.

Tiré à 200 exemplaires sur papier vergé. Les trois planches sont le portrait de *Th. Carlyle*, à la manière noire (nº 33 de l'œuvre), *La petite Marie*, fille de l'artiste (nº 30) et *Le Coup de vent* (nº 110). La notice est signée A. P.-Malassis.

Alphonse Legros, né à Dijon, était l'intime ami de Poulet-Malassis, à qui appartenait *Le Coup de vent*, ainsi que deux autres dessins et deux eaux-fortes, tous exposés au salon de 1875.

M. Legros ayant, en 1861, donné un tableau au musée d'Alençon fut, à l'occasion de ce don, violemment attaqué, ainsi que Poulet-Malassis dans deux articles du *Nouvelliste Alençonnais* (nºˢ des 22 et 29 septembre), signés *Une vieille brosse*. Ils étaient décidés à poursuivre en justice les auteurs de ces articles, quand M. de La Sicotière, leur avocat, obtint de leurs diffamateurs une satisfaction complète.

Voir sur A. Legros la *Revue Anecdotique*, T. XII, p. 268 et T. XIV, p. 22.

1875. — ALBERT GLATIGNY. SA BIBLIOGRAPHIE, précédée d'une notice littéraire par M. Jules Claretie, et ornée d'un portrait à l'eau-forte par M. Frédéric Régamey. *Paris, J. Baur*, 1875 ; *imp. Motteroz*, petit in-8 de 26 pages et la table.

Tiré à 100 exemplaires sur papier vergé et 10 sur papier de Chine.

La notice de M. Claretie est extraite d'un de ses courriers de l'*Indépendance Belge ;* la bibliographie est signée E. R. (Emmanuel Rouillon).

Le portrait gravé par M. Frédéric Régamey d'après une photographie de Carjat, exécutée en 1864, a eu divers états, tirés à très petit nombre ; le dernier est celui qui a été mis dans le commerce (1).

Un jour Poulet-Malassis, alors rédacteur en chef du *Journal d'Alençon,* reçut, avec prière de l'insérer, une

(1) Voir *Notice* de M. Tourneux, p. XIV.

longue pièce de vers à la louange de Th. de Banville. Elle était signée *A. Glatigny, artiste, cour du Paradis, Guibray.* Glatigny appartenait en effet alors à une troupe ambulante d'artistes dramatiques, dirigée par M. Branchereau, qui donnait des représentations à la foire de Guibray. Peu de temps après, cette troupe vint à Alençon, et Glatigny y fit la connaissance de Poulet-Malassis qui, pourtant, n'avait point consenti à imprimer les vers du comédien-poëte. Quand Glatigny se rendit à Paris, il retrouva Poulet-Malassis à la célèbre *Brasserie des Martyrs.* Il allait alors publier *les Vignes folles*, son premier volume. Malassis obtint pour lui gratuitement de Bracquemond la gravure du frontispice dessiné par Voillemot. Glatigny l'en remercia par un envoi d'auteur en vers et lui fit, depuis lors, présent de tous ses ouvrages, y inscrivant toujours un mot d'ami ou de poëte.

Glatigny, ayant été trop souffrant pendant la guerre pour prendre part à la défense nationale, avait intitulé *la Mouche du Coche*, un volume de vers composé à cette époque. Il en adressa le manuscrit à Poulet-Malassis, alors à Bruxelles, et ce fut sur son conseil qu'il substitua au titre primitif le titre du *Fer Rouge.*

Malassis possédait 54 lettres autographes signées de Glatigny (1857-73). Il en avait formé un recueil in-8 illustré de cinq portraits et de divers documents biographiques. Ce recueil fut vendu 104 francs à sa vente. Un exemplaire du *Fer Rouge* auquel étaient jointes onze lettres de Glatigny relatives à ce livre et à l'état de la Normandie pendant l'invasion de 1870, atteignit, le même jour, le chiffre de 103 francs.

1875. — LES EX-LIBRIS FRANÇAIS depuis leur origine jusqu'à nos jours. Nouvelle édition revue, très augmentée et ornée de vingt-quatre planches. *Paris, P. Rouquette,* 1875; *imp. Motteroz*, in-8 de VIII-79 pages et un feuillet non paginé, indiquant le classement des planches.

Tiré à 350 exemplaires dont 110 sur papier vergé, 15 sur whatman et 10 sur chine.

Seconde édition annoncée dans une lettre citée précédemment. Les vingt-quatre ex-libris reproduits sont ceux de Dacquet, d'Alexandre Pétau, d'Auzoles de la Peyre, de François de Malherbe, d'André Félibien, de Gilles Ménage, du président Hénault, de J.-B. Bossuet, évêque de Troyes, de la Bibliothèque du collège d'Eu, de M. de Joubert, de Mirabeau, *l'ami des hommes*, de Lavoisier, de J.-B. Trichaud, conventionnel, de Victor Hugo, d'Ed. Manet, d'Octave de Rochebrune, d'E. et J. de Goncourt, de Thomas Gueulette, du président de Brosses, de Champcenetz, de J.-L. Aublé, de Mme du Barry, de Mignot, de Montigny et de l'auteur.

Les planches 9, 14, 15, 16, 17 et 24 sont des originaux.

Poulet-Malassis possédait un exemplaire de son ouvrage, auquel il avait ajouté des autographes d'amateurs d'ex-libris (MM. Ch. de Rosière, Ernest de Rosière et Preux) et de gens de lettres, tous relatifs à son livre, et quatre planches d'ex-libris. Cet exemplaire fut payé 56 fr. à la vente de sa bibliothèque.

1876. — LA QUERELLE DES BOUFFONS. La Bibliothèque de J.-J. Rousseau. Un recueil de pièces sur la querelle des Bouffons formé et annoté par J.-J. Rousseau. — La clef du *Petit prophète de Boehmischbroda* de Grimm — Un pamphlet attribué au baron d'Holbach restitué à Diderot. *Paris, J. Baur*, 1876; *imp. Motteroz*, in-8 de 23 pages, portant en fleuron de titre le fac-similé de la signature de J.-J. Rousseau.

Mise en vente : 100 exemplaires sur papier vergé et 6 sur chine.

Le nom d'A. P. Malassis ne se trouve pas sur le titre. Ce travail est signé de lui (p. 23).

Le volume composé de pièces diverses, qui fut l'objet de ce travail. portait au coin supérieur et à la garde le nom de Verdelin. Il appartenait sans doute à la marquise de

Verdelin, née d'Ars, morte en octobre 1810, au château de Carrouges, chez son gendre, le comte Alexis Le Veneur. Il aurait donc fait partie, d'après Poulet-Malassis, « de cette bibliothèque du château de Carrouges, partagée il y a quelques années et où se trouvaient soixante lettres de Rousseau à Mme de Verdelin, publiées par M. E. Bergounioux, dans l'*Artiste* de 1840. »

1876. — LOUIS XV ET MADAME DE POMPADOUR, peints et jugés par le lieutenant des chasses du Parc de Versailles. *Paris, J. Baur*, 1876 ; *imp. Motteroz*, in-8 de 32 pages.

Tiré à 100 exemplaires sur papier vergé et 5 sur chine.

Réimpression d'un opuscule de Georges Leroy, signalé par Sainte-Beuve, de la façon suivante :

« Ce que j'ai lu de plus favorable à Louis XV est dans un petit écrit intitulé *Portraits historiques de Louis XV et de Madame de Pompadour*, faisant partie des *Œuvres posthumes de Charles-Georges Leroy pour servir à l'histoire du règne de Louis XV* (*Paris*, *Varade*, 1802, in-8 de 36 pages.). L'auteur, qui avait eu occasion de voir continuellement Louis XV dans ses chasses, parle de ce roi d'un ton de vérité plutôt bienveillant, mais il insiste autant que personne sur sa timidité, sa défiance de lui-même, son impuissance totale de s'appliquer et cette inertie, cette apathie incurable qui ne fit que croître avec les années. »

Ces portraits historiques avaient été écrits par Rulhière; ils devaient trouver place dans une histoire de la Révolution. M. Roux-Fazillac les a fait imprimer en brochure (1802), et c'est sur l'exemplaire de la Bibliothèque nationale, le seul qu'il eut vu, que Poulet-Malassis fit cette réimpression.

1876. — THÉATRE DE MARIVAUX. Bibliographie des éditions originales et des éditions collectives données par l'auteur. *Paris, P. Rouquette*, 1876 ; *typ. Motteroz*, petit in-8 de III-24 pages, avec titre et table.

Tiré à 100 exemplaires sur papier vergé et 5 sur chine.

L'avertissement (sans titre) est signé A. P.-Malassis. « Nous avons vu, dit-il, toutes les pièces décrites ici (32), moins une, » témoignant ainsi de la conscience avec laquelle il accomplissait ses travaux de bibliographie.

1876. — LE PORTRAIT DE MÉRIMÉE, tour à tour en homme et en femme, d'après un des trois exemplaires connus de la lithographie de 1825, et d'après un dessin inédit de E.-J. Delécluze. *Paris, J. Baur*, 1876; *imp. Motteroz*, in-8 de 8 pages.

Tiré à 105 exemplaires, dépôt compris. Ce curieux portrait, reproduit pour la première fois tel qu'il avait été dessiné, avait été communiqué par feu M. Adolphe Viollet-le-Duc (1).

1876. — POINT DE LENDEMAIN, conte par Vivant Denon, réimprimé sur le texte original de 1777 et orné de fleurons spéciaux dessinés par Marillier. Notice par A. P.-Malassis. *Paris, Isidore Liseux*, 1876; *imp. Motteroz*, in-16 de XXIII-65 pages.

La notice est la réimpression corrigée et augmentée de celle de 1866. Le texte a été revu sur le *Journal des dames*, et non sur celui de 1812.

Le véritable attrait de cette réimpression est dans la reproduction des ornements dont Dorat a entouré l'œuvre qu'il devait plus tard s'approprier. Ces ornements sont :

1° Le portrait de la reine, fleuron de titre.

2° Un en-tête de chapitre allégorique du *Journal des dames*.

3° Le chiffre royal.

Ces trois ornements sont réunis dans une même planche, à la fin du volume.

(1) Voir *Notice* de M. Tourneux, p. XV.

1876. — LES EPISTRES AMOUREUSES D'ARISTENET, tournées de Grec en François par Cyre Foucault, sieur de la Coudrière avec L'IMAGE DU VRAY AMANT, Discours tiré de Platon. Réimpression sur la première édition. (*Poictiers*, 1597.) Notice par A. P.-Malassis. *Paris, Isidore Liseux*, 1876, *imp. Motteroz*, in-16 de XII-228 pages, titre rouge et noir.

Quel était le sieur de la Coudrière ? Poulet-Malassis n'a pu le découvrir :

« On le réimprime — dit-il dans son avant-propos (sans titre), de XII pages — et peut-être quelque curieux se rencontrera-t-il pour démêler patiemment le mystère de son existence. En attendant, le sieur de la Coudrière reste celé sous l'arbuste amoureux qui est le parfait emblême d'un traducteur d'Aristenète, et, comme lui-même l'a dit, en interprétant son nom de fief : Κρυπταὶ κλάδες Ἔρωτος. »

1877. — LES CONVERSATIONS DU JOUR DE L'AN CHEZ MADAME DU DEFFAND, il y a un siècle, précédées d'observations nouvelles sur les Mémoires secrets dits de Bachaumont et sur l'Espion anglais, par A. P.-Malassis, avec fac-similé de la reliure *aux chats* de Mme du Deffand. *Paris, J. Baur*, janvier 1877 ; *imp. Motteroz*, petit in-8 de x-53 pages.

Tiré à 150 exemplaires sur papier vergé, 10 sur chine (numérotés 1 à 10) et 10 sur whatman (numérotés 11 à 20).

Extrait du tome V de l'*Espion anglais*. La reliure *aux chats* a été reproduite d'après un exemplaire des *Considérations sur les mœurs*, de Duclos (édit. orig.), appartenant à M. de Goncourt.

Pour faire entrer cette reproduction dans le format du volume, elle a dû être réduite d'un entre-nerfs, c'est-à-dire d'un *chat*.

Les dix pages d'observations de Malassis sur Pidanzat

de Mairobert et sur la part qu'il prit aux *Mémoires secrets* sont remplis de détails inconnus et curieux. Il termine en parlant de Mme du Deffand et de sa célèbre passion pour les chats : « Après avoir tant aimé les chats, la marquise mourut en puissance de chien ; sa dernière affection canine fut pour ce Toutou, dont elle avait prié Horace Walpole de se charger après elle, et qui mourut doucement, à Strawberry-Hill, de gras fondu. »

1877. — LETTRE SUR LE ROMAN INTITULÉ JUSTINE ou les Malheurs de la Vertu par Charles Villers, auteur de l'Essai sur l'esprit et l'influence de la Réformation de Luther. *Paris, J. Baur*, 1877 ; *imp. Motteroz*, in-12 de 24 pages.

Mise en vente à 150 exemplaires sur papier vergé.

Avertissement (sans titre) signé A. P.-M.

Réimpression d'une lettre publiée dans le T. IV du *Spectateur du Nord*.

1877.— ECRITS ET PAMPHLETS DE RIVAROL, recueillis pour la première fois et annotés par A. P.-Malassis. *Paris, Alph. Lemerre*, 1877 ; *imp. Motteroz*, in-8 de III-143 pages, plus le titre et la table.

Il y a des exemplaires sur papier vergé ; mais le tirage total du livre n'est pas mentionné.

Les cinq opuscules recueillis par Malassis sont :

1° Dialogue entre Fontenelle et Voltaire (1785).

2° Lettre sur la capture de M. l'abbé Maury à Péronne (1789).

3° Conseils donnés à S. M. Louis XVI en 1791, par l'intermédiaire de M. de la Porte, intendant de la liste civile.

4° Réponse de M. le baron de Grimm chargé des affaires de S. M. l'Impératrice de Russie à Paris, à la lettre de M. de Chassebœuf de Volney (1792).

5° Lettre de la noblesse française au moment de sa

rentrée en France, sous les ordres de M. le duc de Brunswick, généralissime des armées de l'empereur et du roi de Prusse (1792).

Ces opuscules ne se trouvaient ni dans les *Œuvres complètes de Rivarol* (1808), ni dans ses *Pensées* inédites (1836).

Bibliographie très soignée (p. 139-143) des écrits de Rivarol, non réimprimés, douteux et faussement attribués (1).

M. de Lescure, dans le beau volume qu'il vient de consacrer à Rivarol, dit dans la préface (p. 5) : « A Paris, nous avons dû plus d'un avis utile à M. Poulet-Malassis, éditeur des opuscules de Rivarol. »

1877. — LA GRANDE SYMPHONIE HÉROIQUE DES PUNAISES, paroles de MM. Nadar et Charles Bataille. *Paris, sous les piliers tournants de la vague demeure, c'est-à-dire sous les arcades de l'Odéon.* L'an 1877 ; *imp. Motteroz (Marpon, vendeur)*, petit in-8 de 32 pages.

Au verso du faux-titre cet avertissement facétieux : « Pour satisfaire les curieux, on a tiré cent exemplaires sur papier vergé de fil. Ils reviennent au même prix que les autres et se vendent une fois plus cher, comme de raison. »

Bouffonnerie publiée antérieurement dans le *Théâtre de la rue de la Santé*. Elle est agrémentée d'un ironique avertissement de deux pages, signé A. P.-M.

« M. Jacques Offenbach, dit-il plaisamment en finissant, avait composé de la musique sur les paroles de la *Grande symphonie héroïque des punaises*. Des morceaux s'en retrouvent, dit-on, dans *la Belle Hélène*, en cherchant bien. »

1877. — LA VIE DE M. DE MOLIÈRE, par J.-H. Le Gallois, sieur de Grimarest. Réim-

(1) Voir *Notice* de M. Tourneux, p. XVI.

pression de l'édition originale (*Paris*, 1705) et des pièces annexes, avec une notice par A. P.-Malassis et une figure dessinée et gravée par Ad. Lalauze. *Paris, Isidore Liseux*, 1877; *imp. Motteroz*, in-16 de XVIII-256 pages. Titre rouge et noir.

Avant-propos de quatorze pages, signé A. P.-M.

1877. — MOLIÈRE JUGÉ PAR SES CONTEMPORAINS. Conversation dans une ruelle de Paris sur Molière défunt, par Donneau de Vizé (1673). L'ombre de Molière, par Marcoureau de Brécourt (1674). Vie de Molière en abrégé par La Grange (1682). M. de Molière par Adrien Baillet (1686). Poquelin de Molière, par Charles Perrault (1697), etc., avec une notice par A. P.-Malassis et un fac-similé des armoiries de Molière. *Paris, Isidore Liseux*, 1877; *imp. Motteroz*, in-16 de XXVII-148 pages et la table.

Avertissement (sans titre) de vingt-trois pages signé A. P.-Malassis.

1877. — UN COMPTE-RENDU de la Comédie des Précieuses ridicules de Molière, sur l'imprimé de Paris. Claude Barbin, 1660. *Paris, J. Baur*, 1877; *imp. Motteroz*, in-12 de IX-23 pages.

Tiré à 200 exemplaires sur papier vergé, dont 150 mis en vente.

Cette pièce avait déjà été réimprimée par Edouard Fournier dans les *Variétés historiques et littéraires* (*Paris, Janet*, 1856, T. IV, p. 295-306.). Dans l'avertissement sans titre qu'il signe I. N. (*Insignis Nebulo*), Malassis signale une légère variante entre ces deux éditions. Il ajoute toutefois : « Cette variante ne saurait être la raison suffisante d'une réimpression. Au fait, si nous réimprimons, c'est uniquement pour le plaisir de joindre à notre collection d'écrits sur Molière une simple plaquette, au lieu des dix volumes confus des *Variétés* et, sans doute, peut-il être partagé par un certain nombre de curieux. »

Malassis ne fut-il point aussi quelque peu poussé à cette réimpression par le désir de rendre à sa compatriote, Mme de Villedieu, auteur du *Récit de la farce des précieuses*, un de ces hommages dont il avait été si prodigue pour l'Alençonnais Corneille Blessebois ?

1877. — CATALOGUE RAISONNÉ de l'œuvre gravé et lithographié de M. Alphonse Legros, slade professor of art au Collège de l'Université de Londres, professeur de gravure à l'eau-forte à l'école de South-Kensington, par MM. A. P.-Malassis et A.-W. Thibaudeau. Portrait à l'eau-forte par M. Frédéric Régamey. *Paris, J. Baur*, 1877 ; *imp. Motteroz*, in-8 de VII-129 pages, titre rouge et noir.

Tiré à 180 exemplaires sur papier vergé numérotés. Voir ci-dessus, année 1875.

1878. — ŒUVRES DE LE SAGE, avec notices et notes par A. P.-Malassis. Histoire de Gil-Blas de Santillane. *Paris, Alph. Lemerre*, 1878 ; *imp. Unsinger*, 2 vol. in-16.

Avertissement de trois pages signé A. P.-M. Ces deux volumes sont les seuls préparés par Poulet-Malassis, mort le 11 février 1878.

1878. — CORRESPONDANCE DE MADAME DE POMPADOUR avec son père, M. Poisson et son frère, M. de Vandières, publiée pour la première fois par M. A. P.-Malassis, suivie de lettres de cette dame à la comtesse de Lutzelbourg, à Paris-Duverney, au duc d'Aiguillon, etc., et accompagnée de notes et de pièces annexes. *Paris, J. Baur*, 1878; *imp. Motteroz*, in-8 de XXXII-261 pages.

Tiré à 600 exemplaires écu vergé, 180 carré vergé avec changement de garnitures et double état des deux portraits, 45 raisin whatman et 12 raisin chine avec triple état des deux portraits.

Les deux portraits reproduits par l'héliogravure, d'après Carle Van Loo, représentent la marquise en *Belle Jardinière* et en *Sultane*.

Les autres illustrations du livre sont trois fleurons d'après Eisen et trois culs-de-lampe d'après Cochin ; ces six ornements sont empruntés aux armes de Madame de Pompadour et de sa famille, ou aux marques de ses livrest

Les lettres à MM. Poisson et de Vandières, qui furen. l'origine de cette publication ont passé, en février 1877, dans une vente dirigée par M. Gabriel Charavay ; le riche amateur anglais qui les acquit, M. Alfred Morisson consentit gracieusement à en laisser prendre copie et Malassis y adjoignit tout ce qu'il put trouver de lettres diverses de la Pompadour, ainsi que son portrait par Georges Le Roy (voir ci-dessus), la conversation qu'elle eut avec le président Georges de Meinières, et que celui-ci nous a conservée ; enfin, son testament (1).

Ce volume est le dernier publié par Malassis ; il clôt dignement la longue série (1842-1878) des artistiques publications de l'auteur des *Ex-libris français*.

(1) Voir *Notice* de M. Tourneux, p. XIX.

1878. — BIBLIOTHÈQUE, portraits, dessins et autographes de feu M. Auguste Poulet-Malassis, dont la vente a eu lieu le lundi 1er juillet et les trois jours suivants, Hotel des Ventes, rue Drouot, salle n° 4, par les soins de M. Maurice Delestre, commissaire-priseur, assisté de MM. J. Baur et E. Charavay, experts. *Paris, J. Baur*, 1878 ; *Alençon, imp. E. de Broise*, in-8 de xx-152 pages.

Ce catalogue doit contenir pour être complet :

1° L'ex-libris de Poulet-Malassis, gravé par Bracquemond.

2° Son portrait inédit gravé par le même.

3° Auguste Poulet-Malassis, notice biographique par M. Ph. Burty (p. I-VI).

4° Bibliographie des écrits de A. Poulet-Malassis et des éditions annotées par ses soins par M. Maurice Tourneux (p. VII-XIX).

5° Catalogue de la Bibliothèque de M. A. Poulet-Malassis (Livres, p. 1-124 ; peintures, dessins et eaux-fortes, p. 125-129 ; autographes, p. 131-140.).

6° Liste des prix de vente (p. 141-151.).

MAMERS. — TYP. G. FLEURY ET A. DANGIN. — 1883.

Mamers. — Typ. G. FLEURY et A. DANGIN. — 1883.

www.ingramcontent.com/pod-product-compliance
Ingram Content Group UK Ltd.
Pitfield, Milton Keynes, MK11 3LW, UK
UKHW021015200726
13857UKWH00004B/1459